Make-up Face Charts

Name _____

Phone _____

CALENDAR 2022

JANUARY

Su	Mo	Tu	We	Th	Fr	Sa
						1
2	3	4	5	6	7	8
9	10	11	12	13	14	15
16	17	18	19	20	21	22
23	24	25	26	27	28	29
30	31					

FEBRUARY

Su	Mo	Tu	We	Th	Fr	Sa
		1	2	3	4	5
6	7	8	9	10	11	12
13	14	15	16	17	18	19
20	21	22	23	24	25	26
27	28					

MARCH

Su	Mo	Tu	We	Th	Fr	Sa
		1	2	3	4	5
6	7	8	9	10	11	12
13	14	15	16	17	18	19
20	21	22	23	24	25	26
27	28	29	30	31		

APRIL

Su	Mo	Tu	We	Th	Fr	Sa
					1	2
3	4	5	6	7	8	9
10	11	12	13	14	15	16
17	18	19	20	21	22	23
24	25	26	27	28	29	30

MAY

Su	Mo	Tu	We	Th	Fr	Sa
1	2	3	4	5	6	7
8	9	10	11	12	13	14
15	16	17	18	19	20	21
22	23	24	25	26	27	28
29	30	31				

JUNE

Su	Mo	Tu	We	Th	Fr	Sa
			1	2	3	4
5	6	7	8	9	10	11
12	13	14	15	16	17	18
19	20	21	22	23	24	25
26	27	28	29	30		

JULY

Su	Mo	Tu	We	Th	Fr	Sa
					1	2
3	4	5	6	7	8	9
10	11	12	13	14	15	16
17	18	19	20	21	22	23
24	25	26	27	28	29	30
31						

AUGUST

Su	Mo	Tu	We	Th	Fr	Sa
	1	2	3	4	5	6
7	8	9	10	11	12	
13	14	15	16	17	18	19
20	21	22	23	24	25	26
27	28	29	30	31		

SEPTEMBER

Su	Mo	Tu	We	Th	Fr	Sa
				1	2	3
4	5	6	7	8	9	10
11	12	13	14	15	16	17
18	19	20	21	22	23	24
25	26	27	28	29	30	

OCTOBER

Su	Mo	Tu	We	Th	Fr	Sa
						1
2	3	4	5	6	7	8
9	10	11	12	13	14	15
16	17	18	19	20	21	22
23	24	25	26	27	28	29
30	31					

NOVEMBER

Su	Mo	Tu	We	Th	Fr	Sa
		1	2	3	4	5
6	7	8	9	10	11	12
13	14	15	16	17	18	19
20	21	22	23	24	25	26
27	28	29	30			

DECEMBER

Su	Mo	Tu	We	Th	Fr	Sa
				1	2	3
4	5	6	7	8	9	10
11	12	13	14	15	16	17
18	19	20	21	22	23	24
25	26	27	28	29	30	31

Artist _____

Makeup _____

Date	Duration	Client	Event

Difficulty

Effort

Price

Face

1 _____

2 _____

3 _____

Lips

1 _____

2 _____

3 _____

Note

Phone _____

Social Media _____

Skin	Eyes
....	....
....	....
....	....
Face	Lips
....	....
....	....
....	....
Other Aeras	
....	....

Artist _____

Makeup _____

Date	Duration	Client	Event

Difficulty
Effort
Price

Face

1 _____
2 _____
3 _____

Lips

1 _____
2 _____
3 _____

Note

_____
_____
_____
_____
_____
_____
_____
_____
_____
_____
_____

Phone _____

Social Media _____

Skin
....
....
....

Face
....
....
....

Other Aeras
....

Eyes
....
....
....

Lips
....
....
....

Artist _____

Makeup _____

Date	Duration	Client	Event

Difficulty
Effort
Price

Face

1 _____
2 _____
3 _____

Lips

1 _____
2 _____
3 _____

Note

Phone

Social Media

Skin .... Eyes ....
....
....

Face .... Lips ....
....
....

Other Aeras ....

Artist _____

Makeup _____

Date	Duration	Client	Event

Difficulty
Effort
Price

Face

1 _____

2 _____

3 _____

Lips

1 _____

2 _____

3 _____

Note

_____
_____
_____
_____
_____
_____
_____
_____
_____

Phone

Social Media

Skin
....
....
....

Face
....
....
....

Other Aeras
....

Eyes
....
....
....

Lips
....
....
....

....

Artist ———————————————————————

Makeup ——————————————————————

Date	Duration	Client	Event

Difficulty

Effort

Price

Face

1 ——————————————

2 ——————————————

3 ——————————————

Lips

1 ——————————————

2 ——————————————

3 ——————————————

Note

———————————————————
———————————————————
———————————————————
———————————————————
———————————————————
———————————————————
———————————————————
———————————————————
———————————————————
———————————————————
———————————————————
———————————————————

Phone

Social Media

Skin .... Eyes ....
....
....

Face .... Lips ....
....
....

Other Aeras ....

Artist _____

Makeup _____

Date	Duration	Client	Event

Difficulty ☐☐☐☐☐
Effort ☐☐☐☐☐
Price ☐☐☐☐☐

Face

1 _____
2 _____
3 _____

Lips

1 _____
2 _____
3 _____

Note

_____
_____
_____
_____
_____
_____
_____
_____
_____
_____
_____
_____

Phone _____

Social Media _____

Skin
....
....
....

Face
....
....
....

Other Aeras
....

Eyes
....
....
....

Lips
....
....
....

Artist _____

Makeup _____

Date	Duration	Client	Event

Difficulty
Effort
Price

Face

1 _____
2 _____
3 _____

Lips

1 _____
2 _____
3 _____

Note

Phone

Social Media

Skin
....
....
....

Face
....
....
....

Other Aeras
....

Eyes
....
....
....

Lips
....
....
....

....

Artist _____

Makeup _____

Date	Duration	Client	Event

Difficulty

Effort

Price

Face

1 _____

2 _____

3 _____

Lips

1 _____

2 _____

3 _____

Note

_____
_____
_____
_____
_____
_____
_____
_____
_____
_____
_____

Phone _____

Social Media _____

Skin
....
....
....

Face
....
....
....

Other Aeras
....

Eyes
....
....
....

Lips
....
....
....

Artist _____

Makeup _____

Date	Duration	Client	Event

Difficulty
Effort
Price

Face

1 _____
2 _____
3 _____

Lips

1 _____
2 _____
3 _____

Note

Phone

Social Media

Skin	Eyes
....	....
....	....
....	....
Face	Lips
....	....
....	....
....	....
Other Aeras	
....	....

Artist _____
Makeup _____

Date	Duration	Client	Event

Difficulty
Effort
Price

Face

1 _____
2 _____
3 _____

Lips

1 _____
2 _____
3 _____

Note

_____
_____
_____
_____
_____
_____
_____
_____
_____
_____

Phone
Social Media

Skin
....
....
....

Face
....
....

Other Aeras
....

Eyes
....
....
....

Lips
....
....

Artist ―――――――――――――――――――
Makeup ―――――――――――――――――――

Date	Duration	Client	Event

Difficulty
Effort
Price

Face

1 ―――――――――――
2 ―――――――――――
3 ―――――――――――

Lips

1 ―――――――――――
2 ―――――――――――
3 ―――――――――――

Note

―――――――――――――――――
―――――――――――――――――
―――――――――――――――――
―――――――――――――――――
―――――――――――――――――
―――――――――――――――――
―――――――――――――――――
―――――――――――――――――
―――――――――――――――――
―――――――――――――――――

Phone
Social Media

Skin	Eyes
....	....
....	....
....	....
Face	Lips
....	....
....	....
....	....
Other Aeras	
....	....

Artist _____
Makeup _____

Date	Duration	Client	Event

Difficulty ☐ ☐ ☐ ☐ ☐
Effort ☐ ☐ ☐ ☐ ☐
Price ☐ ☐ ☐ ☐ ☐

Face

1 _____
2 _____
3 _____

Lips

1 _____
2 _____
3 _____

Note

_____
_____
_____
_____
_____
_____
_____
_____
_____
_____

Phone _____

Social Media _____

Skin .... Eyes ....
....
....

Face .... Lips ....
....
....

Other Aeras ....

Artist _____

Makeup _____

Date	Duration	Client	Event

Difficulty

Effort

Price

Face

1 _____

2 _____

3 _____

Lips

1 _____

2 _____

3 _____

Note

_____
_____
_____
_____
_____
_____
_____
_____
_____
_____

Phone _____

Social Media _____

Skin
....
....
....

Face
....
....
....

Other Aeras
....

Eyes
....
....
....

Lips
....
....
....

Artist _____

Makeup _____

Date	Duration	Client	Event

Difficulty

Effort

Price

Face

1 _____

2 _____

3 _____

Lips

1 _____

2 _____

3 _____

Note

_____

_____

_____

_____

_____

_____

_____

_____

_____

_____

Phone

Social Media

Skin
....
....
....

Face
....
....
....

Other Aeras
....

Eyes
....
....
....

Lips
....
....
....

....

Artist _____
Makeup _____

Date	Duration	Client	Event

Difficulty
Effort
Price

Face

1 _____
2 _____
3 _____

Lips

1 _____
2 _____
3 _____

Note

_____
_____
_____
_____
_____
_____
_____
_____
_____
_____

Phone _____

Social Media _____

Skin .... Eyes ....
....
....

Face .... Lips ....
....
....

Other Aeras ....

Artist ─────────────────────────────
Makeup ─────────────────────────────

Date	Duration	Client	Event

Difficulty
Effort
Price

Face

1 ─────────────────
2 ─────────────────
3 ─────────────────

Lips

1 ─────────────────
2 ─────────────────
3 ─────────────────

Note

Phone

Social Media

Skin .... Eyes ....
....
....

Face .... Lips ....
....
....

Other Aeras ....

Artist _____

Makeup _____

Date	Duration	Client	Event

Difficulty ☐ ☐ ☐ ☐ ☐

Effort ☐ ☐ ☐ ☐ ☐

Price ☐ ☐ ☐ ☐ ☐

Face

1 _____

2 _____

3 _____

Lips

1 _____

2 _____

3 _____

Note

_____
_____
_____
_____
_____
_____
_____
_____
_____
_____
_____
_____

Phone _____

Social Media _____

Skin	Eyes
....	....
....	....
....	....
Face	**Lips**
....	....
....	....
Other Aeras	
....	....

Artist _____

Makeup _____

Date	Duration	Client	Event

Difficulty
Effort
Price

Face

1 _____

2 _____

3 _____

Lips

1 _____

2 _____

3 _____

Note

Phone

Social Media

Skin
....
....
....

Face
....
....

Other Aeras
....

Eyes
....
....
....

Lips
....
....

Artist _____

Makeup _____

Date	Duration	Client	Event

Difficulty
Effort
Price

Face

1 _____
2 _____
3 _____

Lips

1 _____
2 _____
3 _____

Note

_____
_____
_____
_____
_____
_____
_____
_____
_____
_____

Phone _____

Social Media _____

Skin .... Eyes ....
....
....
Face .... Lips ....
....
....
Other Aeras ....

Artist _____

Makeup _____

Date	Duration	Client	Event

Difficulty ☐ ☐ ☐ ☐ ☐

Effort ☐ ☐ ☐ ☐ ☐

Price ☐ ☐ ☐ ☐ ☐

Face

1 _____

2 _____

3 _____

Lips

1 _____

2 _____

3 _____

Note

_____

_____

_____

_____

_____

_____

_____

_____

_____

_____

Phone _____

Social Media _____

Skin .... Eyes ....
....
....

Face .... Lips ....
....
....

Other Aeras ....

Artist ———————————————
Makeup ———————————————

Date	Duration	Client	Event

Difficulty
Effort
Price

Face

1 ———————————
2 ———————————
3 ———————————

Lips

1 ———————————
2 ———————————
3 ———————————

Note

———————————————
———————————————
———————————————
———————————————
———————————————
———————————————
———————————————
———————————————
———————————————
———————————————

Phone
Social Media

Skin .... Eyes ....
....
....

Face .... Lips ....
....
....

Other Aeras ....

Artist _____

Makeup _____

Date	Duration	Client	Event

Difficulty

Effort

Price

Face

1 _____

2 _____

3 _____

Lips

1 _____

2 _____

3 _____

Note

_____
_____
_____
_____
_____
_____
_____
_____
_____
_____
_____

Phone

Social Media

Skin .... Eyes ....
....
....
Face .... Lips ....
....
....
Other Aeras ....

Artist _____

Makeup _____

Date	Duration	Client	Event

Difficulty
Effort
Price

Face

1. _____
2. _____
3. _____

Lips

1. _____
2. _____
3. _____

Note

_____
_____
_____
_____
_____
_____
_____
_____
_____
_____

Phone _____

Social Media _____

Skin
....

....

....

Face
....

....

....

Other Aeras
....

Eyes
....

....

....

Lips
....

....

....

....

Artist

Makeup

Date	Duration	Client	Event

Difficulty

Effort

Price

Face

1 _____

2 _____

3 _____

Lips

1 _____

2 _____

3 _____

Note

Phone

Social Media

Skin .... Eyes ....

....

....

Face .... Lips ....

....

....

Other Aeras ....

Artist _____

Makeup _____

Date	Duration	Client	Event

Difficulty ☐ ☐ ☐ ☐ ☐

Effort ☐ ☐ ☐ ☐ ☐

Price ☐ ☐ ☐ ☐ ☐

Face

1. _____
2. _____
3. _____

Lips

1. _____
2. _____
3. _____

Note

_____
_____
_____
_____
_____
_____
_____
_____
_____
_____
_____

Phone _____

Social Media _____

Skin
....
....
....

Face
....
....

Other Aeras
....

Eyes
....
....
....

Lips
....
....

....

Artist _____

Makeup _____

Date	Duration	Client	Event

Difficulty
Effort
Price

Face

1 _____

2 _____

3 _____

Lips

1 _____

2 _____

3 _____

Note

_____

_____

_____

_____

_____

_____

_____

_____

_____

_____

Phone

Social Media

Skin ....

Eyes ....

Face ....

Lips ....

Other Aeras ....

Artist _____

Makeup _____

Date	Duration	Client	Event

Difficulty
Effort
Price

Face

1 _____

2 _____

3 _____

Lips

1 _____

2 _____

3 _____

Note

Phone

Social Media

Skin Eyes

....

....

Face Lips

....

....

Other Aeras

....

Artist _____

Makeup _____

Date	Duration	Client	Event

Difficulty
Effort
Price

Face

1 _____
2 _____
3 _____

Lips

1 _____
2 _____
3 _____

Note

_____
_____
_____
_____
_____
_____
_____
_____
_____
_____

Phone

Social Media

Skin
....

....

....

Face
....

....

....

Other Aeras
....

Eyes
....

....

....

Lips
....

....

....

....

Artist _____

Makeup _____

Date	Duration	Client	Event

Difficulty ☐ ☐ ☐ ☐ ☐

Effort ☐ ☐ ☐ ☐ ☐

Price ☐ ☐ ☐ ☐ ☐

Face

1 _____

2 _____

3 _____

Lips

1 _____

2 _____

3 _____

Note

_____
_____
_____
_____
_____
_____
_____
_____
_____
_____

Phone _____

Social Media _____

Skin .... Eyes ....
....
....

Face .... Lips ....
....
....

Other Aeras ....
....

Artist _____

Makeup _____

Date	Duration	Client	Event

Difficulty ☐ ☐ ☐ ☐ ☐

Effort ☐ ☐ ☐ ☐ ☐

Price ☐ ☐ ☐ ☐ ☐

Face

1 _____

2 _____

3 _____

Lips

1 _____

2 _____

3 _____

Note

_____
_____
_____
_____
_____
_____
_____
_____
_____
_____

Phone _____

Social Media _____

Skin ....

....

....

Face ....

....

....

Other Aeras ....

Eyes ....

....

....

Lips ....

....

....

....

Artist _____

Makeup _____

Date	Duration	Client	Event

Difficulty
Effort
Price

Face

1 _____
2 _____
3 _____

Lips

1 _____
2 _____
3 _____

Note

_____
_____
_____
_____
_____
_____
_____
_____
_____
_____
_____
_____

Phone _____

Social Media _____

Skin .... Eyes ....
....
....

Face .... Lips ....
....
....

Other Aeras ....
....

Artist _____

Makeup _____

Date	Duration	Client	Event

Difficulty

Effort

Price

Face

1 _____

2 _____

3 _____

Lips

1 _____

2 _____

3 _____

Note

_____
_____
_____
_____
_____
_____
_____
_____
_____
_____
_____
_____

Phone

Social Media

Skin .... Eyes ....

Face .... Lips ....

Other Aeras ....

Artist _____

Makeup _____

Date	Duration	Client	Event

Difficulty ☐ ☐ ☐ ☐ ☐

Effort ☐ ☐ ☐ ☐ ☐

Price ☐ ☐ ☐ ☐ ☐

Face

1. _____
2. _____
3. _____

Lips

1. _____
2. _____
3. _____

Note

_____
_____
_____
_____
_____
_____
_____
_____
_____
_____
_____
_____

Phone _____

Social Media _____

Skin .... Eyes ....
....
....

Face .... Lips ....
....
....

Other Aeras ....

Artist _____

Makeup _____

Date	Duration	Client	Event

Difficulty ☐ ☐ ☐ ☐ ☐
Effort ☐ ☐ ☐ ☐ ☐
Price ☐ ☐ ☐ ☐ ☐

Face

1 _____
2 _____
3 _____

Lips

1 _____
2 _____
3 _____

Note

_____
_____
_____
_____
_____
_____
_____
_____
_____
_____
_____
_____

Phone _____

Social Media _____

Skin .... Eyes ....
....
....

Face .... Lips ....
....
....

Other Aeras ....

Artist _____

Makeup _____

Date	Duration	Client	Event

Difficulty ☐ ☐ ☐ ☐ ☐

Effort ☐ ☐ ☐ ☐ ☐

Price ☐ ☐ ☐ ☐ ☐

Face

1 _____

2 _____

3 _____

Lips

1 _____

2 _____

3 _____

Note

_____

_____

_____

_____

_____

_____

_____

_____

Phone _____

Social Media _____

Skin
....
....
....

Face
....
....
....

Other Aeras
....

Eyes
....
....
....

Lips
....
....
....

....

Artist ―――――――――――――――
Makeup ――――――――――――――

Date	Duration	Client	Event

Difficulty
Effort
Price

Face

1 ―――――――――――
2 ―――――――――――
3 ―――――――――――

Lips

1 ―――――――――――
2 ―――――――――――
3 ―――――――――――

Note

Phone

Social Media

Skin
....
....

Face
....
....

Other Aeras
....

Eyes
....
....

Lips
....
....

....

Artist _____

Makeup _____

Date	Duration	Client	Event

Difficulty
Effort
Price

Face

1 _____
2 _____
3 _____

Lips

1 _____
2 _____
3 _____

Note

Phone _____

Social Media _____

Skin
....
....
....

Face
....
....

Other Aeras
....

Eyes
....
....
....

Lips
....
....

....

Artist _____

Makeup _____

Date	Duration	Client	Event

Difficulty
Effort
Price

Face

1 _____
2 _____
3 _____

Lips

1 _____
2 _____
3 _____

Note

Phone
Social Media

Skin
....
....
....

Face
....
....
....

Other Aeras
....

Eyes
....
....
....

Lips
....
....
....

....

Artist _____
Makeup _____

Date	Duration	Client	Event

Difficulty ☐ ☐ ☐ ☐ ☐
Effort ☐ ☐ ☐ ☐ ☐
Price ☐ ☐ ☐ ☐ ☐

Face

1 _____
2 _____
3 _____

Lips

1 _____
2 _____
3 _____

Note

_____
_____
_____
_____
_____
_____
_____
_____
_____
_____
_____

Phone _____

Social Media _____

Skin
....
....
....

Face
....
....
....

Other Aeras
....

Eyes
....
....
....

Lips
....
....
....

....

Artist _____

Makeup _____

Date	Duration	Client	Event

Difficulty
Effort
Price

Face

1 _____
2 _____
3 _____

Lips

1 _____
2 _____
3 _____

Note

Phone

Social Media

Skin
....
....
....

Face
....
....
....

Other Aeras
....

Eyes
....
....
....

Lips
....
....
....
....

Artist _____

Makeup _____

Date	Duration	Client	Event

Difficulty
Effort
Price

Face

1 _____
2 _____
3 _____

Lips

1 _____
2 _____
3 _____

Note

Phone

Social Media

Skin .... Eyes ....

....

....

Face .... Lips ....

....

....

Other Aeras ....

Artist _____

Makeup _____

Date	Duration	Client	Event

Difficulty
Effort
Price

Face

1 _____
2 _____
3 _____

Lips

1 _____
2 _____
3 _____

Note

Phone _____

Social Media _____

Skin
....
....
....

Face
....
....
....

Other Aeras
....

Eyes
....
....
....

Lips
....
....
....

....

Artist _____

Makeup _____

Date	Duration	Client	Event

Difficulty
Effort
Price

Face

1 _____
2 _____
3 _____

Lips

1 _____
2 _____
3 _____

Note

_____
_____
_____
_____
_____
_____
_____
_____
_____
_____
_____

Phone _____

Social Media _____

Skin
....
....
....

Face
....
....
....

Other Aeras
....

Eyes
....
....
....

Lips
....
....
....

....

Artist ―――――――――――――――――

Makeup ―――――――――――――――

Date	Duration	Client	Event

Difficulty

Effort

Price

Face

1 _____

2 _____

3 _____

Lips

1 _____

2 _____

3 _____

Note

Phone

Social Media

Skin
....
....
....

Face
....
....
....

Other Aeras
....

Eyes
....
....
....

Lips
....
....
....
....

Artist _____
Makeup _____

Date	Duration	Client	Event

Difficulty
Effort
Price

Face

1 _____
2 _____
3 _____

Lips

1 _____
2 _____
3 _____

Note

_____
_____
_____
_____
_____
_____
_____
_____
_____
_____
_____
_____

Phone _____

Social Media _____

Skin
....
....
....

Face
....
....
....

Other Aeras
....

Eyes
....
....
....

Lips
....
....
....

Artist ─────────────────────────

Makeup ─────────────────────────

Date	Duration	Client	Event

Difficulty | ▢ ▢ ▢ ▢ ▢
Effort | ▢ ▢ ▢ ▢ ▢
Price | ▢ ▢ ▢ ▢ ▢

Face

1 ─────────────
2 ─────────────
3 ─────────────

Lips

1 ─────────────
2 ─────────────
3 ─────────────

Note

─────────────────
─────────────────
─────────────────
─────────────────
─────────────────
─────────────────
─────────────────
─────────────────
─────────────────
─────────────────

Phone

Social Media

Skin .... Eyes ....
....
....

Face .... Lips ....
....
....

Other Aeras ....

Artist _____
Makeup _____

Date	Duration	Client	Event

Difficulty
Effort
Price

Face

1 _____
2 _____
3 _____

Lips

1 _____
2 _____
3 _____

Note

_____
_____
_____
_____
_____
_____
_____
_____
_____
_____

Phone
Social Media

Skin
.... Eyes
....
....
....
....
Face
.... Lips
....
....
....
....
Other Aeras
....

Artist _____

Makeup _____

Date	Duration	Client	Event

Difficulty
Effort
Price

Face

1 _____
2 _____
3 _____

Lips

1 _____
2 _____
3 _____

Note

_____
_____
_____
_____
_____
_____
_____
_____
_____
_____

Phone

Social Media

Skin .... Eyes ....

....

....

Face .... Lips ....

....

....

Other Aeras ....

Artist _____
Makeup _____

Date	Duration	Client	Event

Difficulty
Effort
Price

Face

1 _____
2 _____
3 _____

Lips

1 _____
2 _____
3 _____

Note

_____
_____
_____
_____
_____
_____
_____
_____
_____

Phone _____

Social Media _____

Skin .... Eyes ....
....
....

Face .... Lips ....
....
....

Other Aeras ....

Artist _____

Makeup _____

Date	Duration	Client	Event

Difficulty

Effort

Price

Face

1. _____
2. _____
3. _____

Lips

1. _____
2. _____
3. _____

Note

_____
_____
_____
_____
_____
_____
_____
_____
_____
_____
_____

Phone

Social Media

Skin ....

....

....

Face ....

....

....

Other Aeras ....

Eyes ....

....

....

Lips ....

....

....

....

Artist _____

Makeup _____

Date	Duration	Client	Event

Difficulty
Effort
Price

Face

1 _____
2 _____
3 _____

Lips

1 _____
2 _____
3 _____

Note

_____
_____
_____
_____
_____
_____
_____
_____
_____
_____
_____
_____

Phone

Social Media

Skin
....
....
....

Face Lips
....
....
....

Other Aeras
....

Eyes placed above Lips section.

Artist _____

Makeup _____

Date	Duration	Client	Event

Difficulty
Effort
Price

Face

1 _____
2 _____
3 _____

Lips

1 _____
2 _____
3 _____

Note

_____
_____
_____
_____
_____
_____
_____
_____
_____
_____

Phone _____

Social Media _____

Skin ....
....
....

Face ....
....
....

Other Aeras ....

Eyes ....
....
....

Lips ....
....
....

....

Artist _____

Makeup _____

Date	Duration	Client	Event

Difficulty | □ □ □ □ □
Effort | □ □ □ □
Price | □ □ □ □ □

Face

1 _____
2 _____
3 _____

Lips

1 _____
2 _____
3 _____

Note

_____
_____
_____
_____
_____
_____
_____
_____
_____
_____
_____
_____

Phone _____

Social Media _____

Skin	Eyes
....	....
....	....
....	....
Face	Lips
....	....
....	....
....	....
Other Aeras	
....	....

Artist
Makeup

Date	Duration	Client	Event

Difficulty
Effort
Price

Face
1 _____
2 _____
3 _____

Lips
1 _____
2 _____
3 _____

Note

Phone
Social Media

Skin
....
....
....

Face
....
....
....

Other Aeras
....

Eyes
....
....
....

Lips
....
....
....

....

Artist _____

Makeup _____

Date	Duration	Client	Event

Difficulty
Effort
Price

Face

1 _____
2 _____
3 _____

Lips

1 _____
2 _____
3 _____

Note

_____
_____
_____
_____
_____
_____
_____
_____
_____
_____

Phone

Social Media

Skin
....
....
....

Face
....
....
....

Other Aeras
....

Eyes
....
....
....

Lips
....
....
....

....

Artist ──────────────────────────
Makeup ──────────────────────────

Date	Duration	Client	Event

Difficulty
Effort
Price

Face

1 _____
2 _____
3 _____

Lips

1 _____
2 _____
3 _____

Note

_____
_____
_____
_____
_____
_____
_____
_____
_____
_____
_____

Phone
Social Media

Skin
....
....
....

Face
....
....
....

Other Aeras
....

Eyes
....
....
....

Lips
....
....
....

Artist _____

Makeup _____

Date	Duration	Client	Event

Difficulty

Effort

Price

Face

1 _____

2 _____

3 _____

Lips

1 _____

2 _____

3 _____

Note

Phone

Social Media

Skin .... Eyes ....
....
....

Face .... Lips ....
....
....

Other Aeras ....

Artist ——————————————————————

Makeup ——————————————————————

Date	Duration	Client	Event

Difficulty
Effort
Price

Face

1 ——————————————
2 ——————————————
3 ——————————————

Lips

1 ——————————————
2 ——————————————
3 ——————————————

Note

Phone

Social Media

Skin
....
....
....

Face
....
....

Other Aeras
....

Eyes
....
....
....

Lips
....
....
....

Artist _____

Makeup _____

Date	Duration	Client	Event

Difficulty
Effort
Price

Face

1 _____
2 _____
3 _____

Lips

1 _____
2 _____
3 _____

Note

_____
_____
_____
_____
_____
_____
_____
_____
_____
_____

Phone

Social Media

Skin

Eyes

Face

Lips

Other Aeras

Artist _____

Makeup _____

Date	Duration	Client	Event

Difficulty ☐ ☐ ☐ ☐ ☐

Effort ☐ ☐ ☐ ☐ ☐

Price ☐ ☐ ☐ ☐ ☐

Face

1 _____

2 _____

3 _____

Lips

1 _____

2 _____

3 _____

Note

_____
_____
_____
_____
_____
_____
_____
_____
_____
_____
_____

Phone _____

Social Media _____

Skin
....
....
....

Face
....
....
....

Other Aeras
....

Eyes
....
....
....

Lips
....
....
....

....

Artist _____

Makeup _____

Date	Duration	Client	Event

Difficulty ☐ ☐ ☐ ☐ ☐

Effort ☐ ☐ ☐ ☐ ☐

Price ☐ ☐ ☐ ☐ ☐

Face

1 _____

2 _____

3 _____

Lips

1 _____

2 _____

3 _____

Note

_____
_____
_____
_____
_____
_____
_____
_____
_____
_____

Phone _____

Social Media _____

Skin	Eyes
....	....
....	....
Face	Lips
....	....
....	....
Other Aeras	
....	....

Artist _____

Makeup _____

Date	Duration	Client	Event

Difficulty

Effort

Price

Face

1 _____

2 _____

3 _____

Lips

1 _____

2 _____

3 _____

Note

_____
_____
_____
_____
_____
_____
_____
_____
_____
_____
_____
_____

Phone

Social Media

Skin
....
....
....

Face
....
....

Other Aeras
....

Eyes
....
....
....

Lips
....
....

....

Artist _____

Makeup _____

Date	Duration	Client	Event

Difficulty
Effort
Price

Face

1 _____

2 _____

3 _____

Lips

1 _____

2 _____

3 _____

Note

Phone

Social Media

Skin ....

Eyes ....

Face ....

Lips ....

Other Aeras ....

Artist _____

Makeup _____

Date	Duration	Client	Event

Difficulty
Effort
Price

Face

1 _____
2 _____
3 _____

Lips

1 _____
2 _____
3 _____

Note

_____
_____
_____
_____
_____
_____
_____
_____
_____

Phone _____

Social Media _____

Skin
....
....
....

Face
....
....

Other Aeras
....

Eyes
....
....
....

Lips
....
....

....

Artist ――――――――――――――――――――――
Makeup ―――――――――――――――――――――

Date	Duration	Client	Event

Difficulty ☐ ☐ ☐ ☐ ☐
Effort ☐ ☐ ☐ ☐ ☐
Price ☐ ☐ ☐ ☐ ☐

Face

1 ―――――――――――――――
2 ―――――――――――――――
3 ―――――――――――――――

Lips

1 ―――――――――――――――
2 ―――――――――――――――
3 ―――――――――――――――

Note

―――――――――――――――――――
―――――――――――――――――――
―――――――――――――――――――
―――――――――――――――――――
―――――――――――――――――――
―――――――――――――――――――
―――――――――――――――――――
―――――――――――――――――――
―――――――――――――――――――
―――――――――――――――――――

Phone
Social Media

Skin	Eyes
....	....
....	....
....	....
Face	Lips
....	....
....	....
....	....
Other Aeras	
....	....

Artist _____
Makeup _____

Date	Duration	Client	Event

Difficulty ☐ ☐ ☐ ☐ ☐
Effort ☐ ☐ ☐ ☐ ☐
Price ☐ ☐ ☐ ☐ ☐

Face

1 _____
2 _____
3 _____

Lips

1 _____
2 _____
3 _____

Note

_____
_____
_____
_____
_____
_____
_____
_____
_____
_____
_____

Phone _____

Social Media _____

Skin .... Eyes ....

Face .... Lips ....

Other Aeras ....

Artist ———————————————————
Makeup ———————————————————

Date	Duration	Client	Event

Difficulty
Effort
Price

Face

1 _____
2 _____
3 _____

Lips

1 _____
2 _____
3 _____

Note

_____
_____
_____
_____
_____
_____
_____
_____
_____
_____

Phone

Social Media

Skin .... Eyes ....
....
....

Face .... Lips ....
....
....

Other Aeras ....

Artist ―――――――――――――――――

Makeup ―――――――――――――――――

Date	Duration	Client	Event

Difficulty
Effort
Price

Face

1 ―――――――――――

2 ―――――――――――

3 ―――――――――――

Lips

1 ―――――――――――

2 ―――――――――――

3 ―――――――――――

Note

―――――――――――――――――
―――――――――――――――――
―――――――――――――――――
―――――――――――――――――
―――――――――――――――――
―――――――――――――――――
―――――――――――――――――
―――――――――――――――――
―――――――――――――――――
―――――――――――――――――
―――――――――――――――――

Phone

Social Media

Skin
....
....
....

Face
....
....
....

Other Aeras
....

Eyes
....
....
....

Lips
....
....
....

....

Artist _____

Makeup _____

Date	Duration	Client	Event

Difficulty ☐ ☐ ☐ ☐ ☐

Effort ☐ ☐ ☐ ☐ ☐

Price ☐ ☐ ☐ ☐ ☐

Face

1 _____
2 _____
3 _____

Lips

1 _____
2 _____
3 _____

Note

_____
_____
_____
_____
_____
_____
_____
_____
_____
_____
_____

Phone _____

Social Media _____

Skin .... Eyes ....

Face .... Lips ....

Other Aeras ....

Artist _____
Makeup _____

Date	Duration	Client	Event

Difficulty
Effort
Price

Face
1 _____
2 _____
3 _____

Lips
1 _____
2 _____
3 _____

Note
_____
_____
_____
_____
_____
_____
_____
_____
_____
_____

Phone

Social Media

Skin
....
....
....

Face
....
....

Other Aeras
....

Eyes
....
....
....

Lips
....
....

....

Artist _____

Makeup _____

Date	Duration	Client	Event

Difficulty

Effort

Price

Face

1 _____

2 _____

3 _____

Lips

1 _____

2 _____

3 _____

Note

Phone

Social Media

Skin
....
....
....

Face
....
....
....

Other Aeras
....

Eyes
....
....
....

Lips
....
....
....

Artist _____
Makeup _____

Date	Duration	Client	Event

Difficulty
Effort
Price

Face

1 _____
2 _____
3 _____

Lips

1 _____
2 _____
3 _____

Note

Phone _____

Social Media _____

Skin .... Eyes ....
....
....

Face .... Lips ....
....
....

Other Aeras ....
....

Artist _____

Makeup _____

Date	Duration	Client	Event

Difficulty
Effort
Price

Face

1 _____
2 _____
3 _____

Lips

1 _____
2 _____
3 _____

Note

_____
_____
_____
_____
_____
_____
_____
_____
_____
_____

Phone

Social Media

Skin
....

....

....

Face
....

....

....

Other Aeras
....

Eyes
....

....

....

Lips
....

....

....

....

Artist _____

Makeup _____

Date	Duration	Client	Event

Difficulty
Effort
Price

Face

1 _____

2 _____

3 _____

Lips

1 _____

2 _____

3 _____

Note

Phone

Social Media

Skin .... Eyes ....
....
....

Face .... Lips ....
....
....

Other Aeras ....

Artist _____

Makeup _____

Date	Duration	Client	Event

Difficulty

Effort

Price

Face

1 _____

2 _____

3 _____

Lips

1 _____

2 _____

3 _____

Note

_____
_____
_____
_____
_____
_____
_____
_____
_____
_____
_____
_____

Phone

Social Media

Skin
....
....
....

Face
....
....
....

Other Aeras
....

Eyes
....
....
....

Lips
....
....
....

Artist _____

Makeup _____

Date	Duration	Client	Event

Difficulty
Effort
Price

Face

1 _____
2 _____
3 _____

Lips

1 _____
2 _____
3 _____

Note

Phone
Social Media

Skin
....
....
....

Face
....
....

Other Aeras
....

Eyes
....
....
....

Lips
....
....

....

Artist _____
Makeup _____

Date	Duration	Client	Event

Difficulty
Effort
Price

Face

1 _____
2 _____
3 _____

Lips

1 _____
2 _____
3 _____

Note

_____
_____
_____
_____
_____
_____
_____
_____
_____
_____
_____

Phone
Social Media

Skin .... Eyes ....
....
....

Face .... Lips ....
....
....

Other Aeras ....

Artist ──────────────
Makeup ──────────────

Date	Duration	Client	Event

Difficulty
Effort
Price

Face

1 ──────────────
2 ──────────────
3 ──────────────

Lips

1 ──────────────
2 ──────────────
3 ──────────────

Note

──────────────
──────────────
──────────────
──────────────
──────────────
──────────────
──────────────
──────────────
──────────────
──────────────

Phone

Social Media

Skin
....
....
....

Face   Lips
....
....
....

Other Aeras
....

Eyes

Artist _____

Makeup _____

Date	Duration	Client	Event

Difficulty ☐ ☐ ☐ ☐ ☐

Effort ☐ ☐ ☐ ☐

Price ☐ ☐ ☐ ☐

Face

1 _____
2 _____
3 _____

Lips

1 _____
2 _____
3 _____

Note

_____
_____
_____
_____
_____
_____
_____
_____
_____
_____

Phone _____

Social Media _____

Skin	Eyes
......	......
......	......
......	......
Face	Lips
......	......
......	......
......	......
Other Aeras	
......	......

Artist _____

Makeup _____

Date	Duration	Client	Event

Difficulty ☐ ☐ ☐ ☐ ☐

Effort ☐ ☐ ☐ ☐ ☐

Price ☐ ☐ ☐ ☐ ☐

Face

1 _____

2 _____

3 _____

Lips

1 _____

2 _____

3 _____

Note

_____
_____
_____
_____
_____
_____
_____
_____
_____
_____
_____
_____

Phone _____

Social Media _____

Skin
....
....
....

Face
....
....
....

Other Aeras
....

Eyes
....
....
....

Lips
....
....
....
....

Artist _____

Makeup _____

Date	Duration	Client	Event

Difficulty

Effort

Price

Face

1 _____

2 _____

3 _____

Lips

1 _____

2 _____

3 _____

Note

Phone

Social Media

Skin　　　　　　　　　　　　　　　Eyes
....　　..
....　　..
....　　..

Face　　　　　　　　　　　　　　Lips
....　　..
....　　..
....　　..

Other Aeras
....　　..

Artist _____
Makeup _____

Date	Duration	Client	Event

Difficulty
Effort
Price

Face

1 _____
2 _____
3 _____

Lips

1 _____
2 _____
3 _____

Note

_____
_____
_____
_____
_____
_____
_____
_____
_____
_____

Phone
Social Media

Skin	Eyes
......	......
......	......
......	......
Face	Lips
......	......
......	......
Other Aeras	
......	......

Artist _____

Makeup _____

Date	Duration	Client	Event

Difficulty ☐ ☐ ☐ ☐ ☐

Effort ☐ ☐ ☐ ☐ ☐

Price ☐ ☐ ☐ ☐ ☐

Face

1 _____

2 _____

3 _____

Lips

1 _____

2 _____

3 _____

Note

_____
_____
_____
_____
_____
_____
_____
_____
_____
_____
_____
_____

Phone _____

Social Media _____

Skin
....
....
....

Face
....
....
....

Other Aeras
....

Eyes
....
....
....

Lips
....
....
....

Artist ———————————————
Makeup ———————————————

Date	Duration	Client	Event

Difficulty ☐ ☐ ☐ ☐ ☐
Effort   ☐ ☐ ☐ ☐ ☐
Price   ☐ ☐ ☐ ☐ ☐

Face

1 ———————————
2 ———————————
3 ———————————

Lips

1 ———————————
2 ———————————
3 ———————————

Note

———————————————
———————————————
———————————————
———————————————
———————————————
———————————————
———————————————
———————————————
———————————————
———————————————

Phone ————————————
Social Media ————————————

Skin
....
....
....

Face
....
....
....

Other Aeras
....

Eyes
....
....
....

Lips
....
....
....

....

Artist ——————————————————————

Makeup ——————————————————————

Date	Duration	Client	Event

Difficulty
Effort
Price

Face

1 _____
2 _____
3 _____

Lips

1 _____
2 _____
3 _____

Note

_____
_____
_____
_____
_____
_____
_____
_____
_____
_____
_____
_____

Phone

Social Media

Skin
....
....
....

Face
....
....

Other Aeras
....

Eyes
....
....
....

Lips
....
....
....

Artist _____

Makeup _____

Date	Duration	Client	Event

Difficulty

Effort

Price

Face

1 _____

2 _____

3 _____

Lips

1 _____

2 _____

3 _____

Note

_____
_____
_____
_____
_____
_____
_____
_____
_____
_____

Phone

Social Media

Skin   Eyes
....
....
....

Face   Lips
....
....
....

Other Aeras
....

Artist _____

Makeup _____

Date	Duration	Client	Event

Difficulty ☐ ☐ ☐ ☐ ☐

Effort ☐ ☐ ☐ ☐ ☐

Price ☐ ☐ ☐ ☐ ☐

Face

1 _____

2 _____

3 _____

Lips

1 _____

2 _____

3 _____

Note

_____
_____
_____
_____
_____
_____
_____
_____
_____
_____

Phone _____

Social Media _____

Skin ....
....
....

Face ....
....
....

Other Aeras ....

Eyes ....
....
....

Lips ....
....
....

....

Artist _____

Makeup _____

Date	Duration	Client	Event

Difficulty
Effort
Price

Face

1 _____

2 _____

3 _____

Lips

1 _____

2 _____

3 _____

Note

_____
_____
_____
_____
_____
_____
_____
_____
_____

Phone

Social Media

Skin .... Eyes ....
....
....

Face .... Lips ....
....
....

Other Aeras ....

Artist _____

Makeup _____

Date	Duration	Client	Event

Difficulty
Effort
Price

Face

1 _____

2 _____

3 _____

Lips

1 _____

2 _____

3 _____

Note

_____
_____
_____
_____
_____
_____
_____
_____
_____
_____

Phone

Social Media

Skin ....

Eyes ....

Face ....

Lips ....

Other Aeras ....

Artist _____

Makeup _____

Date	Duration	Client	Event

Difficulty

Effort

Price

Face

1 _____

2 _____

3 _____

Lips

1 _____

2 _____

3 _____

Note

_____

_____

_____

_____

_____

_____

_____

_____

_____

Phone

Social Media

Skin ....
....
....

Face ....
....
....

Other Aeras ....

Eyes ....
....
....

Lips ....
....
....

....

Artist ———————————————————————

Makeup ———————————————————————

Date	Duration	Client	Event

Difficulty
Effort
Price

Face

1 _____
2 _____
3 _____

Lips

1 _____
2 _____
3 _____

Note

_____
_____
_____
_____
_____
_____
_____
_____
_____
_____

Phone

Social Media

Skin
....
....
....

Face
....
....
....

Other Aeras
....

Eyes
....
....
....

Lips
....
....
....

....

Artist _____
Makeup _____

Date	Duration	Client	Event

Difficulty
Effort
Price

Face

1 _____
2 _____
3 _____

Lips

1 _____
2 _____
3 _____

Note

Phone
Social Media

Skin .... Eyes ....
....
....

Face .... Lips ....
....
....

Other Aeras ....

Artist _____

Makeup _____

Date	Duration	Client	Event

Difficulty
Effort
Price

Face

1 _____
2 _____
3 _____

Lips

1 _____
2 _____
3 _____

Note

_____
_____
_____
_____
_____
_____
_____
_____
_____
_____

Phone

Social Media

Skin .... Eyes ....
....
....

Face .... Lips ....
....
....

Other Aeras ....

Artist _____

Makeup _____

Date	Duration	Client	Event

Difficulty ☐ ☐ ☐ ☐ ☐
Effort ☐ ☐ ☐ ☐ ☐
Price ☐ ☐ ☐ ☐ ☐

Face

1 _____
2 _____
3 _____

Lips

1 _____
2 _____
3 _____

Note

_____
_____
_____
_____
_____
_____
_____
_____
_____
_____
_____
_____
_____
_____

Phone _____

Social Media _____

Skin
....
....

Face
....
....

Other Aeras
....

Eyes
....
....

Lips
....
....

....

Artist

Makeup

Date	Duration	Client	Event

Difficulty
Effort
Price

Face

1. _____
2. _____
3. _____

Lips

1. _____
2. _____
3. _____

Note

Phone

Social Media

Skin .... Eyes ....
....
....

Face .... Lips ....
....
....

Other Aeras ....
....

Artist _____

Makeup _____

Date	Duration	Client	Event

Difficulty ☐ ☐ ☐ ☐ ☐

Effort ☐ ☐ ☐ ☐ ☐

Price ☐ ☐ ☐ ☐ ☐

Face

1 _____
2 _____
3 _____

Lips

1 _____
2 _____
3 _____

Note

_____
_____
_____
_____
_____
_____
_____
_____
_____
_____
_____

Phone _____

Social Media _____

Skin
....
....
....

Face
....
....
....

Other Aeras
....

Eyes
....
....
....

Lips
....
....
....

....

Artist _____

Makeup _____

Date	Duration	Client	Event

Difficulty ☐ ☐ ☐ ☐ ☐

Effort ☐ ☐ ☐ ☐ ☐

Price ☐ ☐ ☐ ☐ ☐

Face

1 _____

2 _____

3 _____

Lips

1 _____

2 _____

3 _____

Note

_____
_____
_____
_____
_____
_____
_____
_____
_____
_____
_____

Phone _____

Social Media _____

Skin Eyes
....
....
....

Face Lips
....
....
....

Other Aeras
....

Artist _____
Makeup _____

Date	Duration	Client	Event

Difficulty
Effort
Price

Face

1 _____
2 _____
3 _____

Lips

1 _____
2 _____
3 _____

Note

Phone _____

Social Media _____

Skin

....

....

....

Face   Lips

....

....

....

Other Aeras

....

Artist _____

Makeup _____

Date	Duration	Client	Event

Difficulty | | | | |
Effort | | | | |
Price | | | | |

Face

1 _____

2 _____

3 _____

Lips

1 _____

2 _____

3 _____

Note

Phone _____

Social Media _____

Skin
....

....

....

Face
....

....

....

Other Aeras
....

Eyes
....

....

....

Lips
....

....

....

....

Artist ─────────────────────────

Makeup ─────────────────────────

Date	Duration	Client	Event

Difficulty

Effort

Price

Face

1 ─────────────────

2 ─────────────────

3 ─────────────────

Lips

1 ─────────────────

2 ─────────────────

3 ─────────────────

Note

Phone

Social Media

Skin .... Eyes ....
....

Face .... Lips ....
....

Other Aeras ....

Schedule

Date	Name	Phone

Schedule

Date	Name	Phone

Schedule

Date	Name	Phone

Schedule

Date	Name	Phone

Schedule

Date	Name	Phone

THANKS YOU

We hope you enjoyed our book.
in order for the service to have real success,
your feedback would be helpful.
Please let us know you like our book at:

mika.lovebooks@gmail.com

www.ingramcontent.com/pod-product-compliance
Lightning Source LLC
Chambersburg PA
CBHW071826080526
44589CB00012B/926